中华人民共和国社区矫正法

（2019 年 12 月 28 日第十三届全国人民代表大会常务委员会第十五次会议通过）

人民出版社

目　　录

中华人民共和国主席令

第四十号

《中华人民共和国社区矫正法》已由中华人民共和国第十三届全国人民代表大会常务委员会第十五次会议于 2019 年 12 月 28 日通过，现予公布，自 2020 年 7 月 1 日起施行。

中华人民共和国主席　习近平

2019 年 12 月 28 日

中华人民共和国社区矫正法

（2019年12月28日第十三届全国人民代表大会常务委员会第十五次会议通过）

目　录

第一章　总　　则

第一条　为了推进和规范社区矫正工作，保障刑事判决、刑事裁定和暂予监外执行决定的正确执行，提高教育矫正质量，促进社区矫正对象顺利融入社会，预防和减少犯罪，根据宪法，制定本法。

第二条　对被判处管制、宣告缓刑、假释和暂予监外执行的罪犯，依法实行社区矫正。

对社区矫正对象的监督管理、教育帮扶等活动，适用本法。

第三条　社区矫正工作坚持监督管理与教育帮扶相结合，专门机关与社会力量相结合，采取分类管理、个别化矫正，有针对性地消除社区矫正对象可能重新犯罪的因素，帮助其成为守法公民。

第四条　社区矫正对象应当依法接受社区矫正，服从监督管理。

社区矫正工作应当依法进行，尊重和保障人权。社区矫正对象依法享有的人身权利、财产权利和其他权利不受侵犯，在就业、就学和享受社会保障等方面不受歧视。

第五条 国家支持社区矫正机构提高信息化水平，运用现代信息技术开展监督管理和教育帮扶。社区矫正工作相关部门之间依法进行信息共享。

第六条 各级人民政府应当将社区矫正经费列入本级政府预算。

居民委员会、村民委员会和其他社会组织依法协助社区矫正机构开展工作所需的经费应当按照规定列入社区矫正机构本级政府预算。

第七条 对在社区矫正工作中做出突出贡献的组织、个人，按照国家有关规定给予表彰、奖励。

第二章 机构、人员和职责

第八条 国务院司法行政部门主管全国的社区矫正工作。县级以上地方人民政府司法行政部门主管本行政区域内的社区矫正工作。

人民法院、人民检察院、公安机关和其他有关部门依照各自职责，依法做好社区矫正工作。人民检察院依法对社区矫正工作实行法律监督。

地方人民政府根据需要设立社区矫正委员会，负责统筹协调和指导本行政区域内的社区矫正工作。

第九条 县级以上地方人民政府根据需要设置社区矫正机构，负责社区矫正工作的具体实施。社区矫正机构的设置和撤销，由县级以上地方人民政府司法行政部门提出意见，按照规定的权限和程序审批。

司法所根据社区矫正机构的委托，承担社区矫正相关工作。

第十条 社区矫正机构应当配备具有法律等专业知识的专门国家工作人员（以下称社区矫正机构工作人员），履行监督管理、教育帮扶等执法职责。

第十一条 社区矫正机构根据需要，组织具有法律、教育、心理、社会工作等专业知识或者实践经验的社会工作者开展社区矫正相关工作。

第十二条 居民委员会、村民委员会依法协助社区矫正机构做好社区矫正工作。

社区矫正对象的监护人、家庭成员，所在单位或者就读学校应当协助社区矫正机构做好社区矫正工作。

第十三条 国家鼓励、支持企业事业单位、社会组织、志愿者等社会力量依法参与社区矫正工作。

第十四条 社区矫正机构工作人员应当严格遵守宪法和法律,忠于职守,严守纪律,清正廉洁。

第十五条 社区矫正机构工作人员和其他参与社区矫正工作的人员依法开展社区矫正工作,受法律保护。

第十六条 国家推进高素质的社区矫正工作队伍建设。社区矫正机构应当加强对社区矫正工作人员的管理、监督、培训和职业保障,不断提高社区矫正工作的规范化、专业化水平。

第三章 决定和接收

第十七条 社区矫正决定机关判处管制、宣告缓刑、裁定假释、决定或者批准暂予监外执行时应当确定社区矫正执行地。

社区矫正执行地为社区矫正对象的居住地。社区矫正对象在多个地方居住的,可以确定经常居住地为执行地。

社区矫正对象的居住地、经常居住地无法确定或者不适宜执行社区矫正的，社区矫正决定机关应当根据有利于社区矫正对象接受矫正、更好地融入社会的原则，确定执行地。

本法所称社区矫正决定机关，是指依法判处管制、宣告缓刑、裁定假释、决定暂予监外执行的人民法院和依法批准暂予监外执行的监狱管理机关、公安机关。

第十八条 社区矫正决定机关根据需要，可以委托社区矫正机构或者有关社会组织对被告人或者罪犯的社会危险性和对所居住社区的影响，进行调查评估，提出意见，供决定社区矫正时参考。居民委员会、村民委员会等组织应当提供必要的协助。

第十九条 社区矫正决定机关判处管制、宣告缓刑、裁定假释、决定或者批准暂予监外执行，应当按照刑法、刑事诉讼法等法律规定的条件和程序进行。

社区矫正决定机关应当对社区矫正对象进行教育，告知其在社区矫正期间应当遵守的规定以及违反规定的法律后果，责令其按时报到。

第二十条 社区矫正决定机关应当自判决、裁定或者决定生效之日起五日内通知执行地社区矫正机构，并在十日内送达有关法律文书，同时抄送人民检察院和执行地公安机关。社区矫正决定地与执行地不在同一地方的，由执行地社区矫正机构将法律文书转送所在地的人民检察院、公安机关。

第二十一条 人民法院判处管制、宣告缓刑、裁定假释的社区矫正对象，应当自判决、裁定生效之日起十日内到执行地社区矫正机构报到。

人民法院决定暂予监外执行的社区矫正对象，由看守所或者执行取保候审、监视居住的公安机关自收到决定之日起十日内将社区矫正对象移送社区矫正机构。

监狱管理机关、公安机关批准暂予监外执行的社区矫正对象，由监狱或者看守所自收到批准决定之日起十日内将社区矫正对象移送社区矫正机构。

第二十二条 社区矫正机构应当依法接收社区矫正对象，核对法律文书、核实身份、办理接收登记、建立档案，并宣告社区矫正对象的犯罪事实、执行社区矫正的期限以及应当遵守的规定。

第四章　监督管理

第二十三条　社区矫正对象在社区矫正期间应当遵守法律、行政法规，履行判决、裁定、暂予监外执行决定等法律文书确定的义务，遵守国务院司法行政部门关于报告、会客、外出、迁居、保外就医等监督管理规定，服从社区矫正机构的管理。

第二十四条　社区矫正机构应当根据裁判内容和社区矫正对象的性别、年龄、心理特点、健康状况、犯罪原因、犯罪类型、犯罪情节、悔罪表现等情况，制定有针对性的矫正方案，实现分类管理、个别化矫正。矫正方案应当根据社区矫正对象的表现等情况相应调整。

第二十五条　社区矫正机构应当根据社区矫正对象的情况，为其确定矫正小组，负责落实相应的矫正方案。

根据需要，矫正小组可以由司法所、居民委员会、村民委员会的人员，社区矫正对象的监护人、家庭成员，所在单位或者就读学校的人员以及社会工作者、志愿者等组成。社区矫正对象为女性的，矫正小组中应有女性成员。

第二十六条 社区矫正机构应当了解掌握社区矫正对象的活动情况和行为表现。社区矫正机构可以通过通信联络、信息化核查、实地查访等方式核实有关情况，有关单位和个人应当予以配合。

社区矫正机构开展实地查访等工作时，应当保护社区矫正对象的身份信息和个人隐私。

第二十七条 社区矫正对象离开所居住的市、县或者迁居，应当报经社区矫正机构批准。社区矫正机构对于有正当理由的，应当批准；对于因正常工作和生活需要经常性跨市、县活动的，可以根据情况，简化批准程序和方式。

因社区矫正对象迁居等原因需要变更执行地的，社区矫正机构应当按照有关规定作出变更决定。社区矫正机构作出变更决定后，应当通知社区矫正决定机关和变更后的社区矫正机构，并将有关法律文书抄送变更后的社区矫正机构。变更后的社区矫正机构应当将法律文书转送所在地的人民检察院、公安机关。

第二十八条 社区矫正机构根据社区矫正对象的表现，依照有关规定对其实施考核奖惩。社区矫正对象认罪悔罪、遵守法律法规、服从监督管理、接受教育表现突出的，应当给予表扬。社区矫正对象违反法律法规或者监督管理规定的，应当视情节依法给予训诫、警告、提请公安机关予以治安管理处罚，或者依法提请撤销缓刑、撤销假释、对暂予监外执行的收监执行。

对社区矫正对象的考核结果，可以作为认定其是否确有悔改表现或者是否严重违反监督管理规定的依据。

第二十九条 社区矫正对象有下列情形之一的，经县级司法行政部门负责人批准，可以使用电子定位装置，加强监督管理：

（一）违反人民法院禁止令的；

（二）无正当理由，未经批准离开所居住的市、县的；

（三）拒不按照规定报告自己的活动情况，被给予警告的；

（四）违反监督管理规定，被给予治安管理处罚的；

（五）拟提请撤销缓刑、假释或者暂予监外执行收监执行的。

前款规定的使用电子定位装置的期限不得超过三个月。对于不需要继续使用的，应当及时解除；对于期限届满后，经评估仍有必要继续使用的，经过批准，期限可以延长，每次不得超过三个月。

社区矫正机构对通过电子定位装置获得的信息应当严格保密，有关信息只能用于社区矫正工作，不得用于其他用途。

第三十条 社区矫正对象失去联系的，社区矫正机构应当立即组织查找，公安机关等有关单位和人员应当予以配合协助。查找到社区矫正对象后，应当区别情形依法作出处理。

第三十一条 社区矫正机构发现社区矫正对象正在实施违反监督管理规定的行为或者违反人民法院禁止令等违法行为的，应当立即制止；制止无效的，应当立即通知公安机关到场处置。

第三十二条 社区矫正对象有被依法决定拘留、强制隔离戒毒、采取刑事强制措施等限制人身自由情形的，有关机关应当及时通知社区矫正机构。

第三十三条 社区矫正对象符合刑法规定的减刑条件的，社区矫正机构应当向社区矫正执行地的中级以上人民法院提出减刑建议，并将减刑建议书抄送同级人民检察院。

人民法院应当在收到社区矫正机构的减刑建议书后三十日内作出裁定，并将裁定书送达社区矫正机构，同时抄送人民检察院、公安机关。

第三十四条 开展社区矫正工作，应当保障社区矫正对象的合法权益。社区矫正的措施和方法应当避免对社区矫正对象的正常工作和生活造成不必要的影响；非依法律规定，不得限制或者变相限制社区矫正对象的人身自由。

社区矫正对象认为其合法权益受到侵害的，有权向人民检察院或者有关机关申诉、控告和检举。受理机关应当及时办理，并将办理结果告知申诉人、控告人和检举人。

第五章　教育帮扶

第三十五条　县级以上地方人民政府及其有关部门应当通过多种形式为教育帮扶社区矫正对象提供必要的场所和条件，组织动员社会力量参与教育帮扶工作。

有关人民团体应当依法协助社区矫正机构做好教育帮扶工作。

第三十六条　社区矫正机构根据需要，对社区矫正对象进行法治、道德等教育，增强其法治观念，提高其道德素质和悔罪意识。

对社区矫正对象的教育应当根据其个体特征、日常表现等实际情况，充分考虑其工作和生活情况，因人施教。

第三十七条　社区矫正机构可以协调有关部门和单位，依法对就业困难的社区矫正对象开展职业技能培训、就业指导，帮助社区矫正对象中的在校学生完成学业。

第三十八条　居民委员会、村民委员会可以引导志愿者和社区群众，利用社区资源，采取多种形式，对有特殊困难的社区矫正对象进行必要的教育帮扶。

第三十九条 社区矫正对象的监护人、家庭成员，所在单位或者就读学校应当协助社区矫正机构做好对社区矫正对象的教育。

第四十条 社区矫正机构可以通过公开择优购买社区矫正社会工作服务或者其他社会服务，为社区矫正对象在教育、心理辅导、职业技能培训、社会关系改善等方面提供必要的帮扶。

社区矫正机构也可以通过项目委托社会组织等方式开展上述帮扶活动。国家鼓励有经验和资源的社会组织跨地区开展帮扶交流和示范活动。

第四十一条 国家鼓励企业事业单位、社会组织为社区矫正对象提供就业岗位和职业技能培训。招用符合条件的社区矫正对象的企业，按照规定享受国家优惠政策。

第四十二条 社区矫正机构可以根据社区矫正对象的个人特长，组织其参加公益活动，修复社会关系，培养社会责任感。

第四十三条 社区矫正对象可以按照国家有关规定申请社会救助、参加社会保险、获得法律援助，社区矫正机构应当给予必要的协助。

第六章 解除和终止

第四十四条 社区矫正对象矫正期满或者被赦免的，社区矫正机构应当向社区矫正对象发放解除社区矫正证明书，并通知社区矫正决定机关、所在地的人民检察院、公安机关。

第四十五条 社区矫正对象被裁定撤销缓刑、假释，被决定收监执行，或者社区矫正对象死亡的，社区矫正终止。

第四十六条 社区矫正对象具有刑法规定的撤销缓刑、假释情形的，应当由人民法院撤销缓刑、假释。

对于在考验期限内犯新罪或者发现判决宣告以前还有其他罪没有判决的，应当由审理该案件的人民法院撤销缓刑、假释，并书面通知原审人民法院和执行地社区矫正机构。

对于有第二款规定以外的其他需要撤销缓刑、假释情形的，社区矫正机构应当向原审人民法院或者执行地人民法院提出撤销缓刑、假释建议，并将建议书抄送人民检察院。社区矫正机构提出撤销缓刑、假释建议时，应当说明理由，并提供有关证据材料。

第四十七条 被提请撤销缓刑、假释的社区矫正对象可能逃跑或者可能发生社会危险的，社区矫正机构可以在提出撤销缓刑、假释建议的同时，提请人民法院决定对其予以逮捕。

人民法院应当在四十八小时内作出是否逮捕的决定。决定逮捕的，由公安机关执行。逮捕后的羁押期限不得超过三十日。

第四十八条 人民法院应当在收到社区矫正机构撤销缓刑、假释建议书后三十日内作出裁定，将裁定书送达社区矫正机构和公安机关，并抄送人民检察院。

人民法院拟撤销缓刑、假释的，应当听取社区矫正对象的申辩及其委托的律师的意见。

人民法院裁定撤销缓刑、假释的，公安机关应当及时将社区矫正对象送交监狱或者看守所执行。执行以前被逮捕的,羁押一日折抵刑期一日。

人民法院裁定不予撤销缓刑、假释的,对被逮捕的社区矫正对象,公安机关应当立即予以释放。

第四十九条 暂予监外执行的社区矫正对象具有刑事诉讼法规定的应当予以收监情形的,社区矫正机构应当向执行地或者原社区矫正决定机关提出收监执行建议,并将建议书抄送人民检察院。

社区矫正决定机关应当在收到建议书后三十日内作出决定,将决定书送达社区矫正机构和公安机关,并抄送人民检察院。

人民法院、公安机关对暂予监外执行的社区矫正对象决定收监执行的,由公安机关立即将社区矫正对象送交监狱或者看守所收监执行。

监狱管理机关对暂予监外执行的社区矫正对象决定收监执行的,监狱应当立即将社区矫正对象收监执行。

第五十条 被裁定撤销缓刑、假释和被决定收监执行的社区矫正对象逃跑的,由公安机关追捕,社区矫正机构、有关单位和个人予以协助。

第五十一条 社区矫正对象在社区矫正期间死亡的，其监护人、家庭成员应当及时向社区矫正机构报告。社区矫正机构应当及时通知社区矫正决定机关、所在地的人民检察院、公安机关。

第七章 未成年人社区矫正特别规定

第五十二条 社区矫正机构应当根据未成年社区矫正对象的年龄、心理特点、发育需要、成长经历、犯罪原因、家庭监护教育条件等情况，采取针对性的矫正措施。

社区矫正机构为未成年社区矫正对象确定矫正小组，应当吸收熟悉未成年人身心特点的人员参加。

对未成年人的社区矫正，应当与成年人分别进行。

第五十三条 未成年社区矫正对象的监护人应当履行监护责任，承担抚养、管教等义务。

监护人怠于履行监护职责的，社区矫正机构应当督促、教育其履行监护责任。监护人拒不履行监护职责的，通知有关部门依法作出处理。

第五十四条 社区矫正机构工作人员和其他依法参与社区矫正工作的人员对履行职责过程中获得的未成年人身份信息应当予以保密。

除司法机关办案需要或者有关单位根据国家规定查询外，未成年社区矫正对象的档案信息不得提供给任何单位或者个人。依法进行查询的单位，应当对获得的信息予以保密。

第五十五条 对未完成义务教育的未成年社区矫正对象，社区矫正机构应当通知并配合教育部门为其完成义务教育提供条件。未成年社区矫正对象的监护人应当依法保证其按时入学接受并完成义务教育。

年满十六周岁的社区矫正对象有就业意愿的，社区矫正机构可以协调有关部门和单位为其提供职业技能培训，给予就业指导和帮助。

第五十六条 共产主义青年团、妇女联合会、未成年人保护组织应当依法协助社区矫正机构做好未成年人社区矫正工作。

国家鼓励其他未成年人相关社会组织参与未成年人社区矫正工作，依法给予政策支持。

第五十七条 未成年社区矫正对象在复学、升学、就业等方面依法享有与其他未成年人同等的权利，任何单位和个人不得歧视。有歧视行为的，应当由教育、人力资源和社会保障等部门依法作出处理。

第五十八条 未成年社区矫正对象在社区矫正期间年满十八周岁的，继续按照未成年人社区矫正有关规定执行。

第八章 法律责任

第五十九条 社区矫正对象在社区矫正期间有违反监督管理规定行为的，由公安机关依照《中华人民共和国治安管理处罚法》的规定给予处罚；具有撤销缓刑、假释或者暂予监外执行收监情形的，应当依法作出处理。

第六十条 社区矫正对象殴打、威胁、侮辱、骚扰、报复社区矫正机构工作人员和其他依法参与社区矫正工作的人员及其近亲属，构成犯罪的，依法追究刑事责任；尚不构成犯罪的，由公安机关依法给予治安管理处罚。

第六十一条 社区矫正机构工作人员和其他国家工作人员有下列行为之一的，应当给予处分；构成犯罪的，依法追究刑事责任：

（一）利用职务或者工作便利索取、收受贿赂的；

（二）不履行法定职责的；

（三）体罚、虐待社区矫正对象，或者违反法律规定限制或者变相限制社区矫正对象的人身自由的；

（四）泄露社区矫正工作秘密或者其他依法应当保密的信息的；

（五）对依法申诉、控告或者检举的社区矫正对象进行打击报复的；

（六）有其他违纪违法行为的。

第六十二条 人民检察院发现社区矫正工作违反法律规定的，应当依法提出纠正意见、检察建议。有关单位应当将采纳纠正意见、检察建议的情况书面回复人民检察院，没有采纳的应当说明理由。

第九章　附　　则

第六十三条　本法自 2020 年 7 月 1 日起施行。

图书在版编目(CIP)数据

中华人民共和国社区矫正法.—北京:人民出版社,2019.12
ISBN 978-7-01-021814-4

Ⅰ.①中… Ⅱ. Ⅲ.①社区-监督改造-法规-中国
Ⅳ.①D926.7

中国版本图书馆 CIP 数据核字(2020)第 006786 号

中华人民共和国社区矫正法

ZHONGHUARENMINGONGHEGUO SHEQU JIAOZHENG FA

人民出版社 出版发行
(100706 北京市东城区隆福寺街 99 号)

北京新华印刷有限公司印刷 新华书店经销

2020 年 1 月第 1 版 2020 年 1 月北京第 1 次印刷
开本:850 毫米×1168 毫米 1/32 印张:1
字数:14 千字 印数:00,001-10,000 册

ISBN 978-7-01-021814-4 定价:5.00 元

邮购地址 100706 北京市东城区隆福寺街 99 号
人民东方图书销售中心 电话 (010)65250042 65289539